ACCIDENTS DU TRAVAIL

(*Loi du* 9 *avril* 1898, *Décret du* 28 *février* 1899)

FORMULAIRE PORTATIF & ANNOTÉ

DES ACTES ET OPÉRATIONS

DES JUGES DE PAIX

ET DE LEURS GREFFIERS

PAR

Gabriel GUÉNARD

LICENCIÉ EN DROIT

JUGE DE PAIX DU CANTON DE CLAMECY

PRIX : 1 fr. 50

PARIS

IMPRIMERIE ET LIBRAIRIE GÉNÉRALE DE JURISPRUDENCE

MARCHAL ET BILLARD

IMPRIMEURS-ÉDITEURS, LIBRAIRES DE LA COUR DE CASSATION

Maison principale : Place Dauphine, 27

Succursale : Rue Soufflot, 7

1900

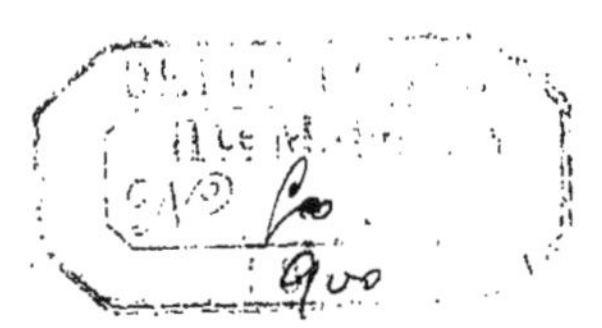

FORMULAIRE PORTATIF & ANNOTÉ

DES ACTES ET OPÉRATIONS

DES JUGES DE PAIX

ET DE LEURS GREFFIERS

ACCIDENTS DU TRAVAIL

(*Loi du* 9 *avril* 1898, *Décret du* 28 *février* 1899)

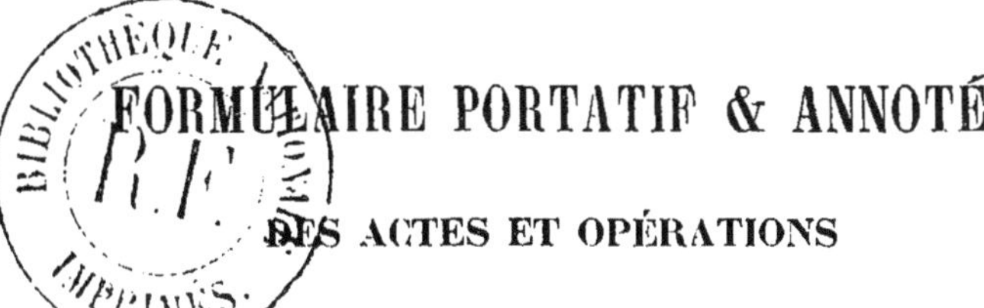

FORMULAIRE PORTATIF & ANNOTÉ

DES ACTES ET OPÉRATIONS

DES JUGES DE PAIX

ET DE LEURS GREFFIERS

PAR

Gabriel GUÉNARD

LICENCIÉ EN DROIT

JUGE DE PAIX DU CANTON DE CLAMECY

PARIS

IMPRIMERIE ET LIBRAIRIE GÉNÉRALE DE JURISPRUDENCE

MARCHAL ET BILLARD

IMPRIMEURS-ÉDITEURS, LIBRAIRES DE LA COUR DE CASSATION

Maison principale : Place Dauphine, 27

Succursale : Rue Soufflot, 7

1900

FORMULAIRE PORTATIF & ANNOTÉ

DES ACTES ET OPÉRATIONS

DES JUGES DE PAIX

ET DE LEURS GREFFIERS

PRÉLIMINAIRES

L'enquête prévue par les articles 12 et 13 de la loi du 9 avril 1898, dans le cas où la blessure paraît devoir entraîner la mort ou une incapacité permanente de travail, doit avoir lieu dans les formes prescrites par les articles 35, 36, 37, 38 et 39 du Code de procédure civile.

Le juge de paix ne doit dresser qu'un seul procès-verbal et non plusieurs procès-verbaux distincts, comme en matière criminelle.

Il ne peut donc se servir de formules imprimées pour tous les actes de la procédure.

Ce magistrat est tenu d'agir avec la plus grande célérité. L'enquête doit être commencée dans les vingt-quatre heures qui suivent la réception de l'avis de l'accident. Elle doit être close dans le plus bref délai et, au plus tard, dans les dix jours à partir de l'accident.

Le juge de paix peut commettre des erreurs qui vicieront sa procédure ou des omissions qui la rendront incomplète.

Un recueil de formules s'appliquant à tous les cas prévus parl loi du 9 avril 1898 et par les articles 6,7 et suivants du décret du 28 février 1899 simplifiera et facilitera son travail, ainsi que celui du greffier.

C'est dans ce but que ce formulaire a été rédigé.

Il se divise en deux parties :

La première partie concerne la procédure suivie en vertu des articles 12 et 13 de la loi du 9 avril 1898.

La seconde comprend les formules de la procédure suivie en exécution des articles 6, 7, 8, 9, 10, 11 et 12 du décret du 28 février 1899.

Les textes des lois, décrets et dispositions législatives dont le juge de paix est appelé à faire l'application complètent ce formulaire.

PREMIÈRE PARTIE.

PROCÉDURE SUIVIE EN EXÉCUTION DE LA LOI DU 9 AVRIL 1898.

FORMULE N° 1.

Convocation des parties intéressées par lettre recommandee.

(Art. 13.)

M. . . . .

En exécution des articles 12 et 13 de la loi du 9 avril 1898, je vous invite à comparaître le . . . ., à . . . . . heure du . . . . ., par devant M. le juge de paix du canton de . . . . . (*indiquer avec précision le lieu de la comparution*), pour assister à l'enquête ouverte sur l'accident survenu le . . . . ., à . . . . ., et dont vous avez été victime (ou, *s'il s'agit du chef d'industrie* : dont le sieur . . . . .,votre ouvrier — ou employé — a été victime).

Vous aurez soin de vous munir de toutes pièces pouvant servir à déterminer votre salaire quotidien et votre salaire annuel (*ou* : le salaire quotidien et le salaire annuel du dit sieur. . . . .).

Agréez, M. . . . ., mes civilités empressées.

Le greffier,

FORMULE N° 2.

Réquisitoire à un témoin.

(Art. 13.)

Nous . . . . ., juge de paix du canton de . . . . ., agissant en exécution des articles 12 et 13 de la loi du 9 avril 1898, à l'occasion d'un accident survenu le . . . . ., à . . . . ., et dont a été victime le sieur . . . . .

Requérons le sieur . . . . .

. . . .
de comparaître devant nous, le . . . . ., à . . . . . heure du . . . . ., à . . . . ., pour déposer sur les faits qui sont à sa connaissance, lui déclarant qu'en cas de comparution il sera, sur sa demande, taxé, et qu'en cas de non-comparution il sera statué, en ce qui le concerne, conformément à la loi.

A . . . . ., le . . . . .

Le juge de paix,

NOTES. — Ce réquisitoire peut être adressé au témoin par

lettre recommandée ; mais, si ce dernier fait défaut, il ne pourra être condamné. — Il devra être cité. Le juge de paix délivrera une cédule ou ordonnance de citation qu'il remettra à l'huissier.

FORMULE N° 3.

Taxe à ajouter à la suite du réquisitoire.

Taxé, sur sa réquisition, à. . . . . domicilié à. . . . . canton de. . . . ., témoin entendu dans la procédure suivie à l'occasion de l'accident dans le travail survenu le. . . . ., à. . . . ., la somme de. . . . ., pour . . . . . myriamètres. . . . . kilomètres parcourus.

Et attendu que le témoin ne reçoit aucun traitement en raison d'un service public et qu'il n'y a pas de partie civile en cause, ordonnons que la dite somme sera payée sur les fonds généraux des frais de justice criminelle par le receveur de l'enregistrement au bureau de . . . . .

Le témoin a déclaré. . . . . savoir signer.

A. . . . . le. . . . . . .

Le juge de paix,

FORMULE N° 4.

Cédule à témoin.

Nous. . . . ., juge de paix du canton de. . . . ., arrondissement de. . . . ., département de. . . . ., agissant en vertu des articles 12 et 13 de la loi du 9 avril 1898, et en suite de l'accident survenu le. . . . ., à. . . . ., mandons et ordonnons à tous huissiers et agents de la force publique d'assigner à notre requête :

1°. . . . .(*nom, prénoms, surnom, qualité ou profession, domicile*).

2°. . . . . à comparaître le. . . . ., à. . . . heure du. . ., par devant nous, à. . . . ., pour y déposer en personne sur les faits et circonstances dont il sera donné connaissance, l. . . déclarant qu'à défaut de comparaître il. . y ser. . . contraint et condamné aux peines prononcées par la loi.

Fait à. . . . ., le. . . . .

Le juge de paix,

FORMULE N° 5.

Procès-verbal d'enquête.

(Art. 12 et 13.)

L'an. . . . . le . . . ., à . . . heure du. . . . .

Nous. . . . . , Juge de paix du canton de. . . . . , assisté de Me. . . . . , greffier de cette justice de paix ;

Agissant en exécution de l'article 12 de la loi du 9 avril 1898 ;

Avons procédé, comme suit, à l'enquête prescrite par l'article précité, à l'occasion de l'accident survenu le. . . . . , à. . . . . , et dont a été victime le sieur. . . . . , lequel accident a entraîné la mort. — *ou* : paraît devoir entraîner la mort ou une incapacité permanente absolue (*ou partielle*) de travail ; — *ou* : doit entraîner la mort ou une incapacité permanente absolue (*ou partielle*) de travail, ainsi qu'il appert de la copie de la déclaration faite par le sieur. . . . . , et du certificat médical dressé le . . . . . , par. . . . . , à nous transmis le. . . . . , par M. le maire de la commune de. . . . . , et parvenus en nos mains le. . . . . ,

Sur convocations à eux adressées par lettres recommandées, ont comparu, dans notre cabinet à. . . . . ,

Si l'enquête se fait sur le lieu de l'accident, ajouter : à. . . . . , où nous nous sommes transporté pour mieux saisir les dépositions des témoins et mieux apprécier la cause et les circonstances de l'accident :

1° Le sieur. . . . . , (*chef d'industrie, patron, directeur, gérant ou son mandataire*) ;

2° Le sieur. . . . . , (*ouvrier blessé ou son mandataire, ou, s'il est mineur, interdit, etc., son représentant légal ou le mandataire de son représentant légal : administrateur légal, tuteur, etc.*) ;

3° Le sieur. . . . . , (*1er témoin de l'accident*) ;

4° Le sieur . . . . . , (*second témoin de l'accident*) ;

. . . .

Nous avons, en présence des parties (*ou : en présence du sieur. patron, et en l'absence du sieur. . . . . , ouvrier blessé, qui ne s'est pas fait représenter*), procédé séparément à l'audition des témoins.

Chacun d'eux a, après avoir prêté serment de dire la vérité, déposé comme il suit :

Premier témoin. — Je me nomme. . . . .

. . . .

Lecture faite, le témoin a persisté dans sa déposition, a requis taxe que nous avons fixée à . . . . . et a signé.

Deuxième témoin. — Etc. etc. . . . . .

Si le témoin est reproché, constater le reproche de la manière suivante :

Avant la déposition du témoin, le sieur. . . . . a déclaré le reprocher et s'opposer à son audition parce que. . . (*motifs du reproche*).

Et il a signé.

. . . .

Le sieur. . . . . a répondu que . . . . *ou* : a reconnu que.

Et il a signé.

. . . .

Sur quoi nous, juge de paix,

Vu l'article 284 du Code de procédure civile ;

Attendu que dans l'espèce nous ne sommes pas juge du reproche proposé ;

Avons reçu la déposition du dit témoin, sauf au tribunal qui sera chargé de statuer sur le fond de la contestation à juger le mérite du dit reproche.

Et nous avons signé avec le greffier.

. . . .

Le dit sieur a alors déposé comme il suit :

. . . .

Tous les témoins à nous indiqués comme pouvant fournir des renseignements sur les circonstances dans lesquelles s'est produit l'accident ayant été entendus, nous avons reçu les explications des parties intéressées.

Le sieur. . . . ., patron, a déclaré. . . . . *(l'interpeller sur le montant du salaire quotidien et du salaire annuel de la victime et sur les causes de l'accident. Lui faire remarquer les fautes qu'il a pu commettre : inobservation des règlements, absence de précautions, vice de construction, défectuosité de l'outillage. . . . . — et provoquer sur ce point ses explications).*

Le sieur. . . . ., ouvrier blessé, a répondu que . . . . *(mêmes questions, notamment sur le salaire quotidien et le salaire annuel).*

Et ont les dits sieurs. . . . . signé.

. . . .

(Terminer, si l'enquête est close, comme à la formule n° 21.)

Notes. — Le juge de paix doit rechercher (art. 12) :

1° *La cause de l'accident.* — Est-il dû à la faute de la victime ? Est-il dû au contraire, à la faute du patron, à celle de ses ouvriers et préposés (art. 20) ou à celle d'un tiers (art. 7) ? — La victime a-t-elle intentionnellement provoqué l'accident ? (art. 20).

2° *La nature de l'accident.* — L'accident est-il survenu par le fait du travail ou à l'occasion du travail ?

3° *Les circonstances de l'accident.* — *Circonstances de temps* : date et lieu ; *circonstances de lieu* : L'accident s'est-il produit dans un atelier, sur un chantier, près d'une machine en activité ?.. etc..

4° *Les personnes victimes et le lieu où elles se trouvent.* — Nom, prénoms et domicile de chaque victime ; la date de sa naissance ; son état civil (*célibataire, marié, veuf, divorcé, séparé de corps*) ; sa profession. — Nom, prénoms, profession et domicile de son représentant légal (*administrateur légal, tuteur*, etc.). La nationalité, si elle est étrangère, et ses ayants droit résidant en France.

5° *La nature des lésions.* — Examiner si le certificat médical est suffisant ; si, depuis qu'il a été délivré, l'état du blessé s'est aggravé et s'il convient de commettre un nouveau médecin pour examiner le blessé (art. 13).

6° *Les ayants droit pouvant, le cas échéant, prétendre à une indemnité* (art. 13). — Ce sont : le conjoint survivant non divorcé ou séparé de corps ; les enfants légitimes ou les enfants naturels reconnus avant l'accident, lorsque ces enfants ont moins de seize ans ; et, à défaut de conjoint et d'enfants, les ascendants et les descendants âgés de moins de seize ans, qui étaient à la charge de la victime au moment de l'accident.

7° *Le salaire quotidien et le salaire annuel des victimes* (art. 2, 3, 8 et 10). — Le salaire sert de base à l'indemnité.

Si l'accident est suivi de mort ou d'une incapacité permanente, l'indemnité est accordée sous la forme d'une rente annuelle qui a pour base le salaire annuel (art. 3).

Si l'accident est suivi d'une incapacité temporaire, la victime reçoit une indemnité journalière basée sur le salaire quotidien touché au moment de l'accident (Voir circulaire de M. le Garde des sceaux en date du 10 juin 1899, chap. II, § II).

FORMULE N° 6.

L'ouvrier blessé n'a pu assister à l'enquête.

(Art. 13.)

Ajouter à la formule n° 5 :

Attendu que le sieur. . . . . , ouvrier blessé, n'a pu assister à l'enquête ;

Qu'il y a lieu, dès lors, de nous transporter auprès de lui ;

Disons que cejourd'hui (*ou : demain. . . . . courant*), à. . . . . heure du. . . . , nous nous transporterons, assisté de notre greffier, au domicile du dit sieur . . . . . , sis à. . . . (*ou : à. . . , où a été transporté ledit sieur. . . . .*), à l'effet d'y procéder à son audition.

De tout quoi nous avons dressé le présent procès-verbal, après avoir vaqué de. . . . . à. . . . .

Et nous avons signé avec le greffier.

NOTES. — La loi *impose* au juge de paix l'obligation de se transporter auprès de la victime lorsque celle-ci se trouve dans l'impossibilité de se déplacer.

FORMULE N° 7.

Transport auprès de la victime.
(Art. 13.)

L'an. . . . . , le. . . . . , à. . . . . heure du. . . . . , Nous. . . . . , juge de paix du canton de . . . . . , agissant en exécution de l'ordonnance qui précède, nous sommes transporté, assisté de. . . . . , greffier, au domicile du sieur. . . . . , ouvrier blessé, sis à. . . . . (*ou : à . . . . . , où a été transporté le sieur . . . . , ouvrier blessé*), aux fins de recevoir ses déclarations et de constater son état.

Arrivé au dit lieu, nous avons trouvé ledit sieur. . . . . , qui, sur notre demande, a déclaré ce qui suit :

Je me nomme. . . . . etc. . . . . (*demander au blessé quel est le montant de son salaire quotidien et de son salaire annuel ; s'il est marié, s'il a des enfants. — Indiquer les noms, prénoms, âge et domicile des ayants droit éventuels*).

Et a le dit sieur. . . . . signé, après lecture.

. . . .

De tout quoi nous avons dressé le présent procès-verbal, après avoir vaqué de. . . . . à . . . . .

Et nous avons signé avec le greffier.

NOTES. — Constater l'état de la victime, notamment son état intellectuel et mental. — Dans le cas où le blessé serait sous l'empire d'une surexcitation anormale ou d'un abattement dénotant une altération de ses facultés, en faire la remarque dans le procès-verbal.

FORMULE N° 8.

Le blessé a été transporté dans un autre canton.

Terminer la formule n° 5 comme il suit :

Et attendu que le sieur . . . . ., ouvrier blessé, a été transporté à . . . . ., canton de . . . . ., et que nous ne pouvons l'interroger ;

Disons que nous chargerons, par commission rogatoire, M. le Juge de paix dudit canton, de recevoir ses déclarations.

De tout quoi nous avons dressé le présent procès-verbal, après avoir vaqué de . . . . . à . . . . .

Et nous avons signé avec le greffier.

(Voir formule n° 19 pour commission rogatoire.)

FORMULE N° 9.

Le certificat médical n'est pas suffisant.

(Art. 13.)

Terminer le procès-verbal n° 5 comme il suit :

Attendu que le certificat médical n'est pas suffisant ; qu'il ne fait pas connaître (*indiquer pourquoi il n'est pas suffisant*) ; — qu'il convient, dès lors, de désigner un médecin qui examinera de nouveau le blessé ;

Disons que nous chargerons M. . . . . ., docteur en médecine, demeurant à . . . . ., de visiter le blessé.

(*Commettre le médecin qui devra, préalablement, prêter serment. — Rédiger la commission en double. — L'un des originaux, au bas duquel sera transcrit le procès-verbal de prestation de serment, restera annexé aux pièces de la procédure. — Voir formule n° 13*).

De tout quoi nous avons dressé le présent procès-verbal, après avoir vaqué de . . . . . à . . . . .

Et nous avons signé avec le greffier.

NOTES. — M. le Garde des sceaux recommande aux juges de paix (voir circulaire du 10 juin 1899) d'user avec la plus grande réserve de la faculté qui leur est laissée de faire appel à un médecin. — La désignation d'un médecin sera *nécessaire* dans le cas où le patron n'aurait, en faisant sa déclaration, pas fourni de certificat.

FORMULE N° 10.

Un constat est nécessaire.

Terminer le procès-verbal n° 5 comme il suit :

Et attendu que la vue des lieux où s'est produit l'accident est utile ; qu'elle nous permettra d'arriver plus facilement à la manifestation de la vérité ;

Ordonnons que le. . . . ., à. . . . . heure du. . . . ., nous nous transporterons sur le lieu de l'accident à l'effet d'y procéder, tant en présence qu'en l'absence des parties qui sont invitées à s'y rendre, à toutes constatations utiles.

(Terminer comme ci-dessus.)

FORMULE N° 11.

Procès-verbal de constat.

L'an. . . . ., le. . . . ., à . . . . . heure du. . . . .,

Nous. . . . ., juge de paix du canton de. . . . ., agissant en exécution de notre ordonnance qui précède, nous sommes transporté, assisté de Me. . . . ., greffier, à. . . . ., sur le lieu où s'est produit l'accident dont a été victime le sieur. . . . ., à l'effet d'y procéder à toutes constatations utiles.

Nous y avons trouvé le sieur. . . . . Le sieur. . . . . ne s'est pas présenté.

Nous avons alors, en présence de. . . . ., reconnu et constaté ce qui suit. . . . .

De tout quoi nous avons dressé le présent procès-verbal, que nous avons signé avec le greffier, après avoir vaqué de. . . . . à. . . . .

NOTES. — Le juge de paix pourra dresser un plan sommaire des lieux.

FORMULE N° 12.

Le juge de paix ordonne son transport auprès du blessé et se fait assister d'un médecin.

Modifier la formule n° 7 comme il suit :

Arrivé au dit lieu, nous avons trouvé le dit sieur. . . . ., ouvrier blessé, ainsi que M. . . . ., docteur en médecine, commis par nous et convoqué par lettre recommandée.

Avant de procéder à l'examen du blessé, M. le docteur. . . . . a prêté entre nos mains le serment ci-après : « Je jure de bien et fidèlement remplir la mission qui m'est confiée et de faire mon rapport et donner mon avis en mon honneur et conscience ».

Et il a signé.

Nous avons ensuite interrogé le dit sieur. . . . . qui nous a fait la déclaration suivante :

Terminer comme à la formule n° 7.

FORMULE N° 13.

Commission à un médecin.

(Art. 13.)

Nous. . . . . juge de paix du canton de. . . . . ;

Vu la procédure suivie pour rechercher la cause, la nature et les circonstances de l'accident survenu le. . . . . à. . . . ., et dont le sieur. . . . . a été victime ;

Vu le certificat délivré le. . . . . par M. le docteur. . . . ., demeurant à. . . . . ;

Vu l'article 13 de la loi du 9 avril 1898 ;

Commettons M. . . . ., docteur en médecine, demeurant à . . . . ., à l'effet de. . . . ., serment préalablement prêté entre nos mains, procéder à un nouvel examen du dit sieur. . . . ., demeurant à. . . . . (ou : *résidant actuellement à. . . . .*) ; — Constater la nature et la gravité des lésions et blessures reçues par lui ; indiquer la date probable à laquelle elles seront consolidées ; rechercher et dire si ces blessures et lésions entraîneront une incapacité permanente absolue ou partielle de travail ou une incapacité temporaire ; — faire connaître, dans le cas où l'incapacité permanente serait partielle, la diminution d'aptitude au travail qui en résultera pour la victime ; — indiquer, en cas d'incapacité temporaire, la date probable de la guérison.

De tout quoi il dressera un rapport qui nous sera transmis le plus promptement possible, et, dans tous les cas, avant le. . . . ., jour où expire le délai fixé par la loi pour la clôture de l'enquête.

Fait à. . . . . le. . . . .

Le juge de paix,

NOTES. — Si le médecin doit assister le juge de paix, suivre la formule n° 15.

Pour la prestation de serment, adopter, suivant le cas, les formules 12 et 17.

FORMULE N° 14.

Le juge de paix nomme un expert pour l'assister.

(Art. 13.)

Terminer la formule n° 5 comme il suit :

Attendu que l'appréciation des causes et des circonstances de l'accident exige des connaissances qui nous sont étrangères ;

Attendu qu'il convient de commettre un expert qui nous assistera dans l'enquête, nous fournira des renseignements techniques qui nous permettront de mieux comprendre les déclarations des témoins et nous donnera son avis sur des questions spéciales ;

Nommons pour nous assister dans l'enquête à laquelle nous procéderons le . . . . ., à . . . . . heure du . . . . ., sur le lieu de l'accident, M. . . . . ., lequel, avant de procéder à la mission qui lui est confiée, prêtera en nos mains le serment prescrit par la loi.

De tout quoi nous avons dressé le présent procès-verbal, après avoir vaqué . . etc., etc. . . .

NOTES. — L'art. 13 interdit au juge de paix de nommer un expert lorsque l'accident s'est produit :

1° Dans les entreprises privées administrativement surveillées (mines, minières ou carrières, chemins de fer privés et les appareils à vapeur) ;

2° Dans les entreprises de l'Etat placées sous le contrôle d'un service distinct du service de gestion (l'administration des chemins de fer de l'Etat rentre seule dans cette catégorie) ;

3° Dans les établissements nationaux où s'effectuent des travaux que la sécurité publique oblige à tenir secrets (établissements de la guerre et de la marine affectés à la fabrication de la poudre, des explosifs, des canons ou des armes de guerre).

Les fonctionnaires chargés de la surveillance et du contrôle de ces établissements et entreprises et les délégués à la sécurité des ouvriers adresseront au juge de paix un exemplaire de leur rapport, qu'il annexera à son procès-verbal.

Il résulte des explications données par le rapporteur de la loi à la Chambre des députés que, dans le cas où le juge de paix trouverait insuffisants les renseignements fournis par les agents de l'administration, il pourrait s'adresser à tout autre homme de l'art qu'il choisirait.

Il serait préférable de réclamer au service intéressé des renseignements complémentaires.

Le juge de paix ne peut commettre plusieurs experts. La loi est formelle.

Formule n° 15.

Commission ou réquisitoire à un expert qui assiste le juge de paix (Art. 13.)

Nous . . ., juge de paix du canton de . . . . .;

Vu la procédure suivie pour rechercher les causes, la nature et les circonstances de l'accident survenu le . . . . ., à . . . . ., et dont a été victime le sieur . . . . . ;

Vu l'article 13 de la loi du 9 avril 1898 ;

Commettons M. . . . demeurant à. . . ., à l'effet de, serment préalablement prêté en nos mains, nous assister dans l'enquête à laquelle nous procéderons le . . . . , à . . . . heure du . . . . sur le lieu de l'accident, à . . . . ., pour nous fournir tous renseignements techniques utiles et nous donner son avis sur (*questions spéciales*).

Ou : Requérons M. . . . ., demeurant à . . . . ., de se transporter de suite (*ou* : le . . . . ., à . . . . . heure du . . .) auprès de nous, à . . . . ., pour nous assister dans l'enquête ouverte par nous, sur le lieu de l'accident, et procéder à toutes les opérations qui seront jugées nécessaires (*ou à telles opérations*).

Fait à . . . . ., le . . . . .

Notes. — Dans ce cas l'expert prête serment sur le lieu de l'enquête, suivant la formule n° 12.

FORMULE N° 16.

Commission ou réquisitoire à un expert qui n'assiste pas le juge de paix.

(Art. 13.)

Nous . . . . . (comme ci-dessus).

Ordonnons que M. . . . . , demeurant à . . . . . . que nous commettons à cet effet, et qui prêtera serment entre nos mains, se transportera sur le lieu de l'accident, à. . . . . . pour y procéder à toutes constatations utiles ; disons que ledit expert recherchera si cet accident est dû à la faute du sieur . . . . (*victime*), ou à celle du sieur . . . . . (*patron chef d'industrie ou ses préposés*), et nous donnera son avis sur les causes dudit accident (*ou* : nous fournira, en général, tous renseignements utiles à la manifestation de la vérité).

Si l'expert est présent et prête immédiatement serment, ajouter :

M. . . . . étant intervenu et ayant déclaré accepter la mission que nous lui avons confiée, il a prêté entre nos mains le serment de la remplir en son honneur et conscience, et il a signé avec nous et le greffier, après lecture.

Fait à . . . . ., le . . . .

FORMULE N° 17.

Procès-verbal de prestation de serment de l'expert.

L'an. . . . ., le. . . . ., à. . . . . heure du. . . . ., devant nous. . . . ., juge de paix du canton de. . . . ., assisté de. . . . ., greffier, a comparu le sieur. . . . ., demeurant à. . . . ., expert commis par nous, lequel a déclaré accepter la mission à lui confiée et prêté entre nos mains le serment de la remplir en son honneur et conscience.

Et a ledit sieur. . . . . signé avec nous et le greffier, après lecture.

NOTES. — Le procès-verbal de prestation de serment doit être rédigé au bas de la commission, dont un double (celui sur lequel sera transcrit le procès-verbal de prestation de serment) restera annexé aux pièces de la procédure. L'autre double sera remis à l'expert.

FORMULE N° 18.

L'accident donne lieu à une information criminelle.

Si au cours de l'enquête le juge de paix apprend que l'accident donne lieu à une instruction criminelle, il doit restreindre son enquête et se borner à rechercher : 1° les ayants droit éventuels à une indemnité ; 2° le salaire quotidien et le salaire annuel de la victime. « Tout ce qui a trait à la cause de l'accident, aux personnes victimes et à la nature des lésions sera complètement élucidé par le juge d'instruction » (*Circulaire du 10 juin* 1899).

Suivre la formule suivante :

Attendu qu'il résulte des renseignements par nous recueillis que l'accident dont le sieur. . . . . a été victime est l'objet d'une information criminelle ; que M. le Procureur de la République et M. le juge d'instruction se sont transportés, à cet effet, sur le lieu de l'accident ; qu'il convient, dès lors, conformément aux prescriptions de la circulaire de M. le Garde des sceaux en date du 10 juin 1899, de restreindre notre enquête et de nous borner à rechercher, d'une part, les ayants droit pouvant, le cas échéant, prétendre à une indemnité, et, d'autre part, le salaire quotidien et le salaire annuel de la victime.

Nous avons alors, pour élucider ces questions, entendu successivement et séparément le sieur. . . . ., patron, et le sieur . . ., ouvrier blessé, ainsi que les témoins à nous désignés comme pouvant nous fournir des renseignements utiles.

Chacun des dits témoins a, après avoir prêté le serment de dire la vérité, déposé comme il suit :

Premier témoin. — Je me nomme . . . . etc.

Second témoin. — Etc.. Etc.

Le sieur. . . . ., patron, a déclaré que. . . . .

Le sieur. . . . ., ouvrier blessé, a déclaré que. . . . .

Et ont les dits sieurs (*patron et ouvrier*) signé.

. . . .

Et attendu que tous les témoins pouvant nous fournir des renseignements utiles ont été entendus, nous avons clos notre enquête et dressé le présent procès-verbal qui, conformément à l'article 13 de la loi du 9 avril 1898, restera déposé pendant cinq jours au greffe de notre justice de paix, pour être ensuite transmis à M. le président du tribunal civil de. . . . .

Il a été vaqué à ce que dessus de. . . . . heure du. . . . . à . . . . heure du. . . . .

Fait à . . . , le. . . . ., et nous avons signé avec le greffier.

NOTES. — Pour le dépôt de l'enquête et l'avis à donner aux parties intéressées, voir les formules nos 22 et 23.

FORMULE N° 19.

Commission rogatoire.

Nous. . . . . ., juge de paix du canton de. . . . . ;

Vu la procédure suivie pour rechercher les causes et les circonstances de l'accident survenu le. . . . ., à. . . . ., et dont le sieur . . . . . a été victime ;

Vu l'article 13 de la loi du 9 avril 1898 :

Attendu que ledit sieur. . . . . a été transporté à . . . ., canton de. . . . . ;

Commettons M. le juge de paix du canton de. . . . ., à l'effet de constater l'état et recevoir les déclarations du blessé, qui fera connaître notamment : 1° les causes dudit accident ; 2° l'heure et le lieu où il s'est produit ; 3° les noms, prénoms, âge, professions et domicile des ayants droit qui pourraient, le cas échéant, prétendre à une indemnité ; 4° le montant de son salaire quotidien et de son salaire annuel. — Etc., etc. . . . .

Autorisons notre collègue, pour le cas où il le jugerait nécessaire, à faire procéder à l'expertise médicale complémentaire prévue par l'article 12 de la loi susvisée.

De laquelle déposition il dressera un procès-verbal qui nous sera transmis, avec les pièces annexées et la présente commission rogatoire, avant le. . . . ., jour où expire le délai fixé par la loi pour la clôture de notre enquête.

Fait à . . . . ., le. . . . .

Le juge de paix,

Pièces jointes à la présente commission rogatoire :

1° . . . .

2° . . . .

Formule n° 20.

Procès-verbal dressé pour l'exécution d'une commission rogatoire.

L'an. . . . . , le. . . . . , à. . . . . heure du. . . . . ,

Nous. . . . . , juge de paix du canton de. . . . . , assisté de. . . . . , greffier ;

Agissant en exécution d'une commission rogatoire de M. le juge de paix du canton de. . . . . , en date du. . . . . , par laquelle ce magistrat nous délègue à l'effet d'entendre le sieur. . . . . , victime d'un accident du travail survenu à. . . . . . le. . . . . , et de constater son état ;

Nous sommes transporté à. . . . . , auprès dudit sieur. . . . . , blessé.

Arrivé au dit lieu, nous avons trouvé le sieur. . . . . (*constater l'état de la victime, notamment son état intellectuel et mental. — Voir les notes de la formule n° 7*).

Sur notre interpellation, le dit sieur. . . . . a déclaré ce qui suit :

Je me nomme, etc. . . . .

Et a le dit sieur. . . . . signé après lecture (*ou : dit savoir signer, mais ne le pouvoir à cause de ses blessures. Nous avons signé avec le greffier, le tout après lecture*).

Si le magistrat commis juge qu'il est nécessaire de désigner un nouveau médecin pour examiner le blessé, ajouter à la suite des déclarations du blessé la formule ci-après :

Attendu que le certificat médical délivré le . . . . . , par M. le docteur. . . . . , et à nous communiqué par notre collègue du canton de. . . . . , ne donne pas sur l'état du blessé des renseignements assez précis ; qu'il est incontestable que cet état s'est aggravé depuis le jour où il a été examiné ; qu'il convient de désigner un médecin qui visitera de nouveau le sieur. . . . . ; nous avons requis M. . . . . , docteur en médecine, demeurant à. . . . . , de visiter ledit sieur. . . . .

Pour la rédaction de la commission, suivre la formule n° 13, et, pour la prestation de serment, la formule n° 17.

De tout quoi il dressera un rapport qui nous sera transmis le plustôt possible et, dans tous les cas, avant le. . . . .

De tout ce que dessus nous avons dressé le présent procès-verbal, après avoir vaqué de. . . . . à. . . . . ; et nous avons signé avec le greffier.

NOTES. — Le juge de paix commis ne pourrait, sans autorisation, désigner un médecin.

FORMULE N° 21.

Clôture de l'enquête.

(Art. 13.)

Et attendu que tous les témoins pouvant fournir des renseignements sur les causes et les circonstances de l'accident dont le sieur. . . . . a été victime ont été entendus et que les formalités prescrites par la loi du 9 avril 1898 ont été remplies, nous avons clos l'enquête ouverte par nous.

Constater, s'il y a lieu, les cas d'impossibilité matérielle, en ajoutant :

Et que nous n'avons pu terminer dans le délai légal par suite du retard apporté par le maire de la commune de. . . . . dans la transmission des pièces (*ou tout autre motif*).

De tout quoi nous avons dressé le présent procès-verbal qui, conformément à la loi, restera déposé pendant cinq jours au greffe de notre justice de paix et sera ensuite transmis à M. le président du tribunal civil de. . . . .

Il a été vaqué à ce que dessus de. . . . . heure du. . . . . à. . . . . heure du. . . . .

Fait à. . . . . , le. . . . . , et nous avons signé avec le greffier.

NOTES. — L'enquête doit être close, au plus tard, dans les dix jours à partir de l'accident.

Le jour de l'accident ne doit pas être compté pour le calcul de ce délai ; mais on doit compter le jour de la clôture.

Le juge de paix devra joindre au procès-verbal un état des frais déboursés par le Trésor, qui a son recours en cas de condamnation prononcée contre l'adversaire de la victime de l'accident.

Les frais de l'enquête doivent entrer dans les dépenses de l'instance en règlement d'indemnité suivie devant le tribunal de première instance (*Voir circulaire du* 10 *juin* 1899).

FORMULE N° 22.

Procès-verbal de dépôt au greffe.

(Art. 13.)

Nous. . . . ., juge de paix du canton de. . . . ., certifions que le procès-verbal qui précède est resté déposé au greffe de notre justice de paix du. . . . . au. . . . . Avis de la clôture de l'enquête et du dépôt a été donné, par lettres recommandées, au sieur. . . . ., patron, et au sieur. . . . ., ouvrier blessé.

A. . . . ., le. . . . .

FORMULE N° 23.

Avis aux parties intéressées de la clôture de l'enquête et du dépôt de la minute au greffe.

(Art. 13.)

M. . . . .,

J'ai l'honneur de vous informer, conformément aux prescriptions de l'article 13 de la loi du 9 avril 1898, que j'ai clos l'enquête à laquelle il a été procédé en suite de l'accident survenu le. . . . ., à. . . . ., et dont vous avez été victime (ou, *si l'avis est donné au chef d'industrie* : survenu le. . . . ., à. . . . ., dans votre établissement, — *ou sur votre chantier, etc...* et dont le sieur. . . . a été victime).

La minute a été déposée au greffe de cette justice de paix, où vous pourrez, pendant un délai de cinq jours, en prendre connaissance et vous en faire délivrer une expédition affranchie du timbre et de l'enregistrement.

Veuillez agréer, M. . . . ., mes salutations empressées.

Le juge de paix,

NOTES. — Les greffiers ne peuvent réclamer un émolument pour les délivrances qu'ils ont à effectuer, lorsqu'il s'agit d'actes ou de jugements faits ou rendus en vertu et pour l'exécution de la loi du 9 avril 1898 (*Circulaire du* 10 *juin* 1899).

SECONDE PARTIE

PROCÉDURE SUIVIE EN EXÉCUTION DU DÉCRET DU 28 FÉVRIER 1899.

L'affaire jugée par le tribunal civil, ou réglée par le président du tribunal (*art.* 16, *loi du* 29 *avril* 1898), reviendra devant le juge de paix si les victimes d'accidents ou leurs ayants droit n'ont pu obtenir le paiement, lors de leur exigibilité, des sommes qui leur sont dues.

Le directeur général de la Caisse des dépôts et consignations transmet le dossier au juge de paix du domicile du débiteur (*art.* 6 *du décret*).

Le juge de paix convoque ce dernier d'urgence, par lettre recommandée, et dresse procès-verbal de ses déclarations, s'il comparaît.

S'il fait défaut, il procède à une enquête et retourne le dossier au directeur général de la Caisse des dépôts et consignations qui fait parvenir au greffier de la justice de paix le montant de ses émoluments et déboursés.

FORMULE n° 24.

Convocation adressée au débiteur par lettre recommandée.

(Art. 6 et 7.)

M. . . . . .,

Conformément aux prescriptions des articles 6 et 7 du décret du 28 février 1899, je vous prie de vouloir bien vous présenter dans mon cabinet, le. . . . ., à. . . heure du. . ., pour y fournir vos explications sur la réclamation formulée contre vous par le sieur. . (*ou les ayants droit du sieur*. . . . .), victime d'un accident survenu le. . . ., dans votre établissement (*ou sur votre chantier*) au cours d'un travail qu'il exécutait pour votre compte.

Veuillez agréer, M. . . ., mes salutations empressées.

Le juge de paix,

FORMULE n° 25.

Procès-verbal d'enquête, en cas de comparution du débiteur. Le débiteur ne conteste ni la réalité, ni le montant de la créance et se libère immédiatement.

(Art. 8.)

L'an. . . . ., le. . . ., à. . . heure du. . . . .

Nous. . . . ., juge de paix du canton de. . . . ., assisté de M. . . . ., greffier de cette justice de paix ;

Nous sommes transporté dans notre cabinet sis à. . . . ., pour y recevoir, conformément aux prescriptions du décret du 28 février 1899, les explications du sieur. . . . ., régulièrement convoqué pour ces jour, lieu et heure, par lettre recommandée en date du. . .

Le dit sieur. . . . . a comparu en personne (*ou par mandataire*).

Nous lui avons donné connaissance de la réclamation formulée contre lui et l'avons invité à nous fournir ses explications.

Le comparant a déclaré qu'il reconnaissait devoir au sieur. . . . la somme de. . . . ., réclamée par lui, et qu'il était prêt à en payer immédiatement le montant en principal, intérêts et frais.

Ledit sieur. . . . . a alors versé la somme de. . . . . entre les mains de Me. . . . ., greffier, qui lui en a délivré quittance et qui en fera parvenir le montant au sieur. . . . ., au moyen d'un mandat-carte dont le récépissé restera annexé au présent procès-verbal.

En conséquence, nous constatons que le sieur. . . . . est et demeure complètement libéré envers le sieur. . . . .

Statuant ensuite sur les frais de convocation, nous les avons liquidés à la somme de. . . . ., composée comme il suit :

Déboursés dus au greffier :
. . . . fr. c. } . . . .
. . . . fr. c. }
Emoluments dus au greffier :
. . . . fr. c. } . . . .
. . . . fr. c. }
Total égal. . . . . . .

Le sieur. . . . . . . en a immédiatement versé le montant à Me . . . ., greffier.

De tout ce que dessus nous avons immédiatement dressé le présent procès-verbal, après avoir vaqué de. . . . . heure du . . ., à . . . . ., heure du. . . . .

Et nous avons signé avec le sieur. . . . . et le greffier, après lecture.

NOTES. — Ce procès-verbal doit être transmis, avec le dossier, au directeur général de la Caisse des dépôts et consignations, dans les deux jours qui suivent soit la libération immédiate du débiteur, soit sa comparution devant le juge de paix au cas où il a refusé le paiement ou obtenu un délai (*Voir les formules suivantes*).

Aux termes de l'article 29 de la loi du 9 avril 1898, les procès-verbaux, certificats, actes de notoriété, significations, jugements et autres actes faits ou rendus en vertu et pour exécution de la dite loi, sont visés pour timbre et enregistrés gratis.

L'Administration de l'Enregistrement a décidé que l'immunité de l'article 29 s'étendait aux actes, procès-verbaux, *quittances* et pièces de toute nature rédigés en exécution du décret du 28 février 1899.

FORMULE N° 26.

Le débiteur ne conteste ni la réalité, ni le montant de la créance et promet d'expédier au réclamant la somme due, au moyen d'un mandat-carte.

(Art. 8.)

L'an. . . . ., le. . . . ., à. . . . . heure du. . . . .,
Nous. . . . ., juge de paix du canton de. . . . ., assisté de Me. . . . ., greffier de cette justice de paix ;

Nous sommes transporté dans notre cabinet sis à. . . . ., pour y recevoir, conformément aux prescriptions du décret du 28 février 1899, les explications du sieur. . . . ., régulièrement convoqué pour ces jour, lieu et heure par lettre recommandée en date du. . .

Le dit sieur. . . . . a comparu en personne.

Nous lui avons donné connaissance de la réclamation formulée contre lui par le sieur. . . . . et l'avons invité à nous fournir ses explications.

Le comparant a déclaré qu'il reconnaissait devoir au dit sieur. . . la somme de. . . . ., qu'il lui réclame.

Nous l'avons invité à en verser immédiatement le montant entre les mains de notre greffier ou à l'envoyer au réclamant.

Le dit sieur. . . . . a alors pris l'engagement d'expédier au sieur. . . . . la somme de. . . . ., au moyen d'un mandat-carte, et de communiquer au greffe de notre justice de paix le récépissé de cet envoi, dans le délai fixé par l'article 8 du décret du 28 février 1899, dont nous lui avons donné lecture.

Il a, en outre, promis de payer à Me. . . . ., greffier, en lui déposant la dite pièce, le montant des frais de convocation que nous avons liquidés à la somme de. . . . ., composée comme il suit :

Déboursés dus au greffier :
. . . . fr. } . . . .
. . . . fr. }
Emoluments dus au greffier :
. . . . fr. } . . . .
. . . . fr. }
Total égal. . . . .

Desquelles déclarations nous avons donné acte au comparant.

De tout quoi nous avons dressé le présent procès-verbal, après avoir vaqué de. . . . . heure du. . . . . à. . . . . heure du . . . .

Et nous avons signé avec le sieur. . . . . et le greffier, après lecture.

FORMULE N° **27**.

Mention à ajouter au procès-verbal qui précède, dans le cas où le débiteur a communiqué au greffe, dans le délai légal, le récépissé constatant l'envoi, par mandat-carte, au réclamant, du montant de sa dette.

(Art. 8.)

Nous. . . . . , juge de paix du canton de. . . . . , assisté de Me. . . . . , greffier ;

Vu le procès-verbal qui précède ;

Vu l'article 8 du décret du 28 février 1899 ;

Certifions que le sieur. . . . . a communiqué, le . . . . . , au greffe de cette justice de paix, un récépissé qui lui a été délivré au bureau de poste de. . . . . , le. . . . . , sous le numéro . . . . . , et duquel il résulte que ledit sieur . . . . . a envoyé, par mandat-carte, au sieur. . . . . , la somme de. . . . . formant le montant de sa créance.

Nous certifions, en outre, que le dit sieur. . . . . a payé intégralement les frais de convocation.

En conséquence, nous constatons que le sieur. . . . . s'est complètement libéré envers le sieur. . . . .

A. . . . . , le. . . . .

(*Signatures du juge de paix et du greffier.*)

FORMULE N° **28**.

Mention à ajouter au procès-verbal n° 26 dans le cas où le débiteur n'a pas communiqué au greffe, dans le délai légal, le récépissé constatant l'envoi, par mandat-carte, au réclamant, du montant de sa dette.

(Art. 8 et 13.)

Nous. . . . . , juge de paix du canton de. . . . . , assisté de Me. . . . . greffier ;

Vu le procès-verbal qui précède ;

Vu les articles 8 et 13 du décret du 28 février 1899 ;

Certifions que le sieur. . . . . n'a pas, ainsi qu'il en avait pris l'engagement, communiqué au greffe de cette justice de paix, dans le délai fixé par l'article 8 du décret susvisé, un récépissé établissant l'envoi, par mandat-carte, au sieur. . . . . , de la somme de. . . . . qu'il a reconnu devoir à ce dernier.

Nous constatons, en conséquence, que le sieur. . . . . ne s'est pas libéré envers le sieur. . . . .

A. . . . . , le. . . . .

(*Signatures du juge de paix et du greffier.*)

FORMULE N° 29.

Mention à ajouter au procès-verbal n° 26 dans le cas où il résulte du récépissé communiqué au greffe que le débiteur a envoyé au réclamant une somme inférieure au montant de sa dette.

(Art. 8 et 13.)

Nous. . . . . , juge de paix du canton de. . . . . assisté de Me. . . . . , greffier ;

Vu le procès-verbal qui précède ;

Vu l'article 8 du décret du 28 février 1899 ;

Certifions que le sieur. . . . . a communiqué le. . . . . , au greffe de cette justice de paix, un récépissé qui lui a été délivré au bureau de poste de. . . . . , le. . . . . , sous le numéro. . . . . et duquel il résulte que le susnommé a envoyé, par mandat-carte, au sieur . . . . . , la somme de. . . . .

En conséquence, nous constatons que le dit sieur . . . . . , qui a reconnu devoir au sieur. . . . . , la somme de . . . . . , ne s'est libéré, contrairement à l'engagement pris par lui, que jusqu'à concurrence de la somme de. . . . . et qu'il doit à ce dernier, pour solde de sa créance, la somme de. . . . .

Nous certifions, en outre, qu'il a (*ou* : *n'a pas*) payé à Me. . . . . , greffier, les frais de convocation liquidés à la somme de. . . . .

A. . . . . , le. . . . .

(*Signatures du juge de paix et du greffier.*)

FORMULE N° 30.

Le débiteur ne conteste ni la réalité, ni le montant de la créance et déclare ne pouvoir s'acquitter immédiatement. — Le juge de paix lui accorde un délai.

(Art. 9.)

L'an. . . . . , le. . . . . , à . . . . . heure du. . . . .

Nous. . . . ., juge de paix du canton de. . . . ., assisté de Me. . . . ., greffier de cette justice de paix,

Nous sommes transporté dans notre cabinet, sis à. . . . ., pour y recevoir, conformément aux prescriptions du décret du 28 février 1899, les explications du sieur. . . . ., régulièrement convoqué pour ces jour, lieu et heure, par lettre recommandée en date du. .

Le dit sieur . . . . . a comparu en personne.

Nous lui avons donné connaissance de la réclamation formulée contre lui, par le sieur. . . . ., et l'avons invité à nous fournir ses explications.

Le comparant a déclaré qu'il reconnaissait devoir au dit sieur. . . la somme de. . . . . que ce dernier lui réclame ; mais il a exposé qu'il lui était absolument impossible d'en payer actuellement le montant (*faire connaître succinctement les motifs invoqués par le débiteur*). — Il a, en conséquence, sollicité un délai pour lui permettre de se libérer.

Sur quoi nous, juge de paix ;

Vu l'article 9 du décret du 28 février 1899, dont nous avons donné lecture au comparant ;

Attendu que le sieur. . . . ., tout en reconnaissant la réalité et le montant de la dette, déclare ne pas être en état de s'acquitter immédiatement ;

Que les motifs invoqués par le dit sieur. . . . . nous paraissent légitimes ;

Attendu, dès lors, qu'il convient de lui accorder un délai d'un mois pour lui permettre de se libérer.

Nous constatons que le sieur. . . . . reconnaît devoir au sieur. . . . . la somme de. . . . . et qu'il prend l'engagement de se libérer de sa dette en principal, intérêts et frais, dans le délai d'un mois à compter de ce jour, que nous lui accordons ;

Disons, en conséquence, qu'avant le. . . . ., le dit sieur. . . se libèrera, soit au moyen d'un versement entre les mains du caissier de la Caisse des dépôts et consignations ou des préposés de la dite Caisse dans les départements, soit au moyen de l'expédition d'un mandat-carte payable au caissier général à Paris.

Liquidons les frais de convocation à la charge du comparant à la somme de. . . . ., composée comme il suit :

(Même formule que précédemment.)

FORMULE N° 31.

Le débiteur reconnaît la dette. Il paie un acompte et demande, pour verser le surplus, un délai qui lui est accordé.

Même formule que ci-dessus.

Le dit sieur. . . . . a comparu en personne. Nous lui avons donné connaissance de la réclamation formulée contre lui par le sieur. . . . ., et l'avons invité à nous fournir ses explications.

Le comparant a déclaré qu'il reconnaissait devoir audit sieur. . la somme de. . . . . que ce dernier lui réclame, mais qu'il lui était impossible d'en payer actuellement le montant.

Il a exposé que. . . . . (*indiquer les motifs invoqués par le débiteur*).

Il a ajouté qu'il était en mesure de verser immédiatement un acompte de. . . . . . francs et prenait l'engagement de payer le solde de la créance, en principal, intérêts et frais, dans un délai d'un mois qu'il nous a prié de vouloir bien lui accorder.

Sur quoi, nous, juge de paix, considérant que les motifs invoqués par le sieur. . . . . sont légitimes, nous l'avons invité à verser immédiatement un acompte de. . . . . et lui avons accordé le délai sollicité.

Le dit sieur. . . . . a alors versé la somme de. . . . . entre les mains du greffier qui lui en a délivré quittance (*Voir les notes de la formule n°* 25),et qui en fera parvenir le montant au sieur. . . ., réclamant, au moyen d'un mandat-carte dont le récépissé restera annexé au présent procès-verbal.

En conséquence, nous constatons que le sieur. . . . . reste devoir, pour solde de compte, au sieur. . . . . la somme de. . . . et qu'il prend l'engagement d'en payer le montant, en principal, intérêts et frais, dans le délai d'un mois que nous lui accordons et qui prendra fin le. . . . .

Disons que conformément aux prescriptions de l'article 9 du décret du 28 février 1899, dont nous avons donné lecture au sieur. . . ., ce dernier se libérera au moyen soit d'un versement entre les mains du caissier de la Caisse des dépôts et consignations à Paris ou des préposés de la Caisse dans les départements, soit de l'expédition d'un mandat-carte payable au caissier général à Paris.

Liquidons les frais de convocation à la charge du sieur. . . ., débiteur, à la somme de. . . . ., composée comme il suit :

(Même formule que précédemment.)

Formule n° 32.

Le débiteur reconnaît la dette et demande un délai que le juge de paix lui refuse.

(Art. 9.)

Suivre la formule n° 30 et ajouter :

Sur quoi nous, juge de paix,

Ouï le comparant en ses explications ;

Vu l'article 9 du décret du 28 février 1899, dont nous avons donné lecture ;

Attendu que le sieur. . . . ., tout en reconnaissant la réalité et le montant de sa dette, déclare ne pas être en état de s'acquitter immédiatement et sollicite un délai pour lui permettre de se libérer ;

Attendu que les motifs invoqués par le dit sieur. . . . . ne sont ni sérieux, ni légitimes ; que tout délai accordé au débiteur serait nuisible aux intérêts du créancier et contraire aux prescriptions du décret susvisé ;

Constatons que le sieur. . . . . reconnaît devoir au sieur. . . la somme de. . . . . que ce dernier lui réclame, et disons qu'il n'y a pas lieu de lui accorder le délai qu'il sollicite pour se libérer.

Liquidons les frais de convocation à la somme de. . . . . ; composée comme il suit :

(Voir formules 25 et 26.)

De tout quoi nous avons dressé le présent procès-verbal, après avoir vaqué de. . . . . heure du. . . . . . à. . . . . heure du. . . . . .

Et nous avons signé avec le sieur. . . . . et le greffier, après lecture.

Notes. — Le directeur général de la Caisse des dépôts et consignations peut accorder au débiteur tous délais ou toutes facilités de paiement (art. 25).

FORMULE N° 33.

Le débiteur conteste la réalité de la créance et repousse la réclamation.

(Art. 10.)

Suivre la formule n° 25 et ajouter :

Le comparant a déclaré qu'il ne devait aucune somme au sieur. . Il a exposé que. . . . . (*relater avec soin les motifs invoqués par le comparant pour refuser le paiement, afin de permettre au directeur général de la Caisse des dépôts et consignations d'examiner si ces motifs paraissent fondés et de se conformer, s'il y a lieu, aux prescriptions de l'art. 14 du décret du 28 février* 1899).

Sur quoi nous, juge de paix,

Ouï le sieur . . . . . en ses explications ;

Vu l'article 10 du décret du 28 février 1899 ;

Constatons que le sieur . . . . . repousse purement et simplement la réclamation du sieur . . . . . , dont il déclare n'être pas le débiteur.

En foi de quoi nous avons dressé le présent procès-verbal, après avoir vaqué de. . . heure du . . . . à . . . . .heure du . . , . et après avoir liquidé les frais de convocation à la somme de . . . . , composée comme il suit :

(Voir formules 25 et 26.)

Et nous avons signé avec le sieur . . . . . . et le greffier, après lecture.

FORMULE N° 34.

Le débiteur reconnaît devoir une somme inférieure à celle réclamée.

(Art. 10.)

Suivre la formule n° 25 et ajouter :

Le sieur. . . . . a déclaré qu'il ne devait pas au sieur. . . . . la somme de. , . . . réclamée par lui, mais celle de. . . . . Il a exposé que. . . . .

Nous avons fait observer au sieur. . . . . que nous avions pour mission exclusive de recevoir ses explications et nous l'avons invité à verser immédiatement entre les mains du greffier la somme qu'il reconnaît devoir au dit sieur. . . . . ou à l'expédier à ce dernier au moyen d'un mandat-carte.

Nous avons ajouté qu'il appartiendrait ensuite à M. le directeur général de la Caisse des dépôts et consignations d'examiner si la déclaration du sieur. . . . . est suffisamment justifiée et de poursuivre, s'il y a lieu, le recouvrement de la somme contestée, ses droits à cet égard demeurant formellement réservés.

Le sieur. . . . . a déclaré qu'il était prêt à s'acquitter immédiatement tant de la somme de. . . . . à laquelle s'élève, d'après lui, la créance du sieur. . . . . , que des frais à sa charge.

(Suivre pour constater le versement de la somme non contestée, les formules nos 25 et 26.)

De tout quoi nous avons dressé le présent procès-verbal, après avoir vaqué de. . . . . heure du. . . . . à. . . . . . heure du. . . . .

Et nous avons signé avec le sieur . . . . . et le greffier, après lecture.

FORMULE N° 35.

Procès-verbal de non-comparution du débiteur.

(Art. 11.)

L'an . . . . ., le. . . . ., à . . . . . heure du. . . . .

Nous. . . . ., juge de paix du canton de. . . . . ., assisté de Me. . . . ., greffier de cette justice de paix ;

Nous sommes transporté dans notre cabinet, sis à. . . . ., pour y recevoir, conformément aux prescriptions du décret du 28 février 1899, les explications du sieur. . . . ., régulièrement convoqué pour ces jour, lieu et heure, par lettre recommandée en date du. . . . . .

Le sieur. . . . . n'a comparu ni en personne, ni par mandataire.

Nous avons alors donné défaut contre lui et ordonné qu'il sera, par nous, procédé à l'enquête prescrite par l'article 11 du décret susdaté.

De tout quoi nous avons dressé le présent procès-verbal que nous avons signé avec le greffier.

FORMULE N° 36.

Procès-verbal d'enquête en cas de non-comparution du débiteur.

(Art. 11.)

Et le. . . . . à. . . . . heure du. . . . .

Nous. . . . . juge de paix du canton de. . . . . assisté de Me. . . . .. greffier, avons procédé comme il suit à l'enquête prescrite par l'article 11 du décret du 28 février 1899.

Sur convocations à eux adressées par lettres recommandées, ont comparu, dans notre cabinet, à. . . . . les témoins ci-après désignés, que nous avons entendus séparément.

Chacun d'eux a, après avoir prêté serment de dire la vérité, déposé comme il suit :

Premier témoin. — Je me nomme. . . . .

. . . .

Lecture faite, le témoin a persisté dans sa déposition et requis taxe que nous avons fixée à. . . . .

Et a signé.

Second témoin. — . . . etc... etc. . . . . .

(Voir formule n° 5.)

Et attendu que les prescriptions de l'article 11 du décret susdaté ont été remplies, nous avons clos notre enquête et dressé le présent procès-verbal que nous avons signé avec le greffier les dits jour, mois et an que dessus, après avoir vaqué de . . . . . heure du. . . . . à . . . . . heure du . . . . .

NOTES. — Ce procès-verbal doit être transmis, avec le dossier, au directeur général de la Caisse des dépôts et consignations dans les deux jours qui suivent la clôture de l'enquête (art. 12).

Joindre un état des frais, afin que le directeur général de la Caisse des dépôts et consignations puisse faire parvenir au greffier le montant de ses déboursés et émoluments (art. 13).

FORMULE N° 37.

Renvoi du dossier au directeur général de la Caisse des dépôts et consignations.

(Art. 12.)

Monsieur le Directeur Général,

Conformément aux prescriptions de l'article 12 du décret du 28 février 1899, j'ai l'honneur de vous retourner le dossier relatif à la réclamation formulée par le sieur . . . . . contre le sieur . . ., en vous adressant le procès-verbal dressé par moi.

Veuillez agréer, je vous prie, Monsieur le Directeur Général, l'assurance de ma très haute considération.

Le juge de paix,

FORMULE N° 38.

Visa pour rendre exécutoire une contrainte délivrée par le directeur général de la Caisse des dépôts et consignations.

(Art. 17 et 18.)

Après avoir désintéressé le bénéficiaire de l'indemnité et le greffier de la justice de paix (art. 13 et 14), le directeur général de la Caisse des dépôts et consignations invite le débiteur à rembourser, dans le délai fixé par l'article 16 du décret du 28 février 1899, la somme payée pour son compte.

A l'expiration de ce délai, il délivre, à l'encontre du débiteur qui ne s'est pas acquitté, une contrainte (art. 17) qui est visée et déclarée exécutoire par le juge de paix du domicile du débiteur (art. 18).

Ce magistrat rédige son ordonnance au pied de la contrainte.

Elle est ainsi libellée :

Vu et rendu exécutoire par nous, juge de paix du canton de . . , conformément à l'article 18 du décret du 28 février 1899.

Fait à . . . . ., le . . . . .

(*Signature du juge de paix.*)

JUSTICE DE PAIX

du canton de

. . . .

FORMULE N° 39.

Mémoire des frais dus au greffier

ACCIDENTS DU TRAVAIL

(Loi du 9 avril 1898 et décret du 5 mars 1899).

État des déboursés et émoluments dus à M. . . . . . ., greffier de la justice de paix du canton de. . . . . ., pour assistance aux actes faits, et aux enquêtes et opérations auxquelles il a été procédé à l'occasion de l'accident survenu le. . . . . . ., à. . . . . . ., et dont a été victime le sieur. . . . . . ., ouvrier (ou employé) au service du sieur. . . . . .

DATE des actes et opérations	NATURE des ACTES ET OPÉRATIONS	MONTANT DES FRAIS			TOTAUX
		Déboursés	Émoluments	Transport	
		TOTAL GÉNÉRAL.			

Vu et taxé le présent état à la somme de. . . . . par nous, juge de paix du canton de. . . . .

A. . . ., le. . . . 19. .

Certifié le présent mémoire s'élevant à la somme de. . . . ., par nous, greffier soussigné :

A. . . ., le. . . . 19. .

JUSTICE DE PAIX

du canton de

. . . .

FORMULE N° **40.**

Etat des frais de transport dus au juge de pai

ACCIDENTS DU TRAVAIL

(

État des frais de transport dus à M. . . . . juge de paix du canton de. . . . . ., en exéc tion de la loi du 9 avril 1898 et (1)

CAUSES du transport et DÉSIGNATION des opérations	LIEU du TRANSPORT	DATE ET DURÉE du transport		DISTANCE du lieu du transport	PRIX fixé par (2)	SOMMES dues au juge de paix
			Jours			
					TOTAUX...	

Certifié sincère et véritable le présent mémoire s'élevant à la somme de. . . . ., par nous, juge de paix du canton de. . . . .

A. . . . ., le. . . . . 19. .

(1-2) Date de la loi qui fixera les indemnités des transports des juges de paix.

LOIS, DÉCRETS ET DISPOSITIONS LÉGISLATIVES

dont le juge de paix est appelé à faire l'application.

LOI SUR LES RESPONSABILITÉS DES ACCIDENTS DONT LES OUVRIERS SONT VICTIMES DANS LEUR TRAVAIL.

(9 *avril* 1898).

TITRE Ier. — *Indemnités en cas d'accidents.*

Art. 1er. — Les accidents survenus par le fait du travail, ou à l'occasion du travail, aux ouvriers et employés occupés dans l'industrie du bâtiment, les usines, manufactures, chantiers, les entreprises de transport par terre et par eau, de chargement et de déchargement, les magasins publics, mines, minières, carrières et, en outre, dans toute exploitation ou partie d'exploitation dans laquelle sont fabriquées ou mises en œuvre des matières explosives, ou dans laquelle il est fait usage d'une machine mue par une force autre que celle de l'homme ou des animaux, donnent droit, au profit de la victime ou de ses représentants, à une indemnité à la charge du chef d'entreprise, à la condition que l'interruption de travail ait duré plus de quatre jours.

Les ouvriers qui travaillent seuls d'ordinaire ne pourront être assujettis à la présente loi par le fait de la collaboration accidentelle d'un ou de plusieurs de leurs camarades.

Art. 2. — Les ouvriers et employés désignés à l'article précédent ne peuvent se prévaloir, à raison des accidents dont ils sont victimes dans leur travail, d'aucunes dispositions autres que celles de la présente loi.

Ceux dont le salaire annuel dépasse deux mille quatre cents francs (2,400 fr.) ne bénéficient de ces dispositions que jusqu'à concurrence de cette somme. Pour le surplus, ils n'ont droit qu'au quart des rentes ou indemnités stipulées à l'art. 3, à moins de conventions contraires quant au chiffre de la quotité.

Art. 3. — Dans les cas prévus à l'art. 1er, l'ouvrier ou l'employé a droit :

Pour l'incapacité absolue et permanente, à une rente égale aux deux tiers de son salaire annuel ;

Pour l'incapacité partielle et permanente, à une rente égale à la moitié de la réduction que l'accident aura fait subir au salaire ;

Pour l'incapacité temporaire, à une indemnité journalière égale à la moitié du salaire touché au moment de l'accident, si l'incapacité de travail a duré plus de quatre jours et à partir du cinquième jour.

Lorsque l'accident est suivi de mort, une pension est servie aux personnes ci-après désignées, à partir du décès, dans les conditions suivantes :

A. Une rente viagère égale à 20 0/0 du salaire annuel de la victime pour le conjoint survivant non divorcé ou séparé de corps, à la condition que le mariage ait été contracté antérieurement à l'accident.

En cas de nouveau mariage, le conjoint cessera d'avoir droit à la rente mentionnée ci-dessus ; il lui sera alloué, dans ce cas, le triple de cette rente à titre d'indemnité totale.

B. Pour les enfants, légitimes ou naturels, reconnus avant l'accident, orphelins de père ou de mère, âgés de moins de seize ans, une rente calculée sur le salaire annuel de la victime à raison de 15 0/0 de ce salaire s'il n'y a qu'un enfant, de 25 0/0 s'il y en a deux, de 35 0/0 s'il y en a trois, et 40 0/0 s'il y en a quatre ou un plus grand nombre.

Pour les enfants orphelins de père et de mère, la rente est portée pour chacun d'eux à 20 0/0 du salaire.

L'ensemble de ces rentes ne peut, dans le premier cas, dépasser 40 0/0 du salaire ni 60 0/0 dans le second.

C. Si la victime n'a ni conjoint ni enfant dans les termes des paragraphes A et B, chacun des ascendants et descendants qui étaient à sa charge recevra une rente viagère pour les ascendants et payable jusqu'à seize ans pour les descendants. Cette rente sera égale à 10 0/0 du salaire annuel de la victime, sans que le montant total des rentes ainsi allouées puisse dépasser 30 0/0.

Chacune des rentes prévues par le paragr. C est, le cas échéant, réduite proportionnellement.

Les rentes constituées en vertu de la présente loi sont payables par trimestre ; elles sont incessibles et insaisissables.

Les ouvriers étrangers, victimes d'accidents,qui cesseront de résider sur le territoire français recevront, pour toute indemnité, un capital égal à trois fois la rente qui leur avait été allouée.

Les représentants d'un ouvrier étranger ne recevront aucune indemnité si, au moment de l'accident, ils ne résidaient pas sur le territoire français.

Art. 4. — Le chef d'entreprise supporte en outre les frais médicaux et pharmaceutiques et les frais funéraires. Ces derniers sont évalués à la somme de cent francs (100 fr.) au maximum.

Quant aux frais médicaux et pharmaceutiques, si la victime a fait choix elle-même de son médecin, le chef d'entreprise ne peut être tenu que jusqu'à concurrence de la somme fixée par le juge de paix du canton, conformément aux tarifs adoptés dans chaque département pour l'assistance médicale gratuite.

Art. 5. — Les chefs d'entreprise peuvent se décharger pendant les trente, soixante ou quatre-vingt-dix premiers jours à partir de l'accident, de l'obligation de payer aux victimes les frais de maladie et l'indemnité temporaire, ou une partie seulement de cette indemnité, comme il est spécifié ci-après, s'ils justifient :

1° Qu'ils ont affilié leurs ouvriers à des sociétés de secours mutuels et pris à leur charge une quote-part de la cotisation qui aura été déterminée d'un commun accord, et en se conformant aux statuts-type approuvés par le ministre compétent, mais qui ne devra pas être inférieure au tiers de cette cotisation ;

2° Que ces sociétés assurent à leurs membres, en cas de blessures, pendant trente, soixante ou quatre-vingt-dix jours, les soins médicaux ou pharmaceutiques et une indemnité journalière.

Si l'indemnité journalière servie par la société est inférieure à la moitié du salaire quotidien de la victime, le chef d'entreprise est tenu de lui verser la différence.

Art. 6. — Les exploitations de mines, minières et carrières peuvent se décharger des frais et indemnités mentionnés à l'article précédent moyennant une subvention annuelle versée aux caisses ou sociétés de secours constituées dans ces entreprises en vertu de la loi du 29 juin 1894.

Le montant et les conditions de cette subvention devront être acceptés par la société et approuvés par le ministre des travaux publics.

Ces deux dispositions seront applicables à tous autres chefs d'industrie qui auront créé en faveur de leurs ouvriers des caisses particulières de secours en conformité du titre III de la loi du 29 juin 1894. L'approbation prévue ci-dessus sera, en ce qui les concerne, donnée par le ministre du commerce et de l'industrie.

Art. 7. — Indépendamment de l'action résultant de la présente loi, la victime ou ses représentants conservent, contre les auteurs de l'accident autres que le patron ou ses ouvriers et préposés, le droit de réclamer la réparation du préjudice causé, conformément aux règles du droit commun.

L'indemnité qui leur sera allouée exonérera à due concurrence le chef d'entreprise des obligations mises à sa charge.

Cette action contre les tiers responsables pourra même être exercée par le chef d'entreprise, à ses risques et périls, aux lieu et place de la victime ou de ses ayants droit, si ceux-ci négligent d'en faire usage.

Art. 8. — Le salaire qui servira de base à la fixation de l'indemnité allouée à l'ouvrier âgé de moins de seize ans ou à l'apprenti victime d'un accident ne sera pas inférieur au salaire le plus bas des ouvriers valides de la même catégorie occupés dans l'entreprise.

Toutefois, dans le cas d'incapacité temporaire, l'indemnité de l'ouvrier âgé de moins de seize ans ne pourra pas dépasser le montant de son salaire.

Art. 9. — Lors du règlement définitif de la rente viagère, après le délai de révision prévu à l'art. 19, la victime peut demander que le quart au plus du capital nécessaire à l'établissement de cette rente, calculé d'après les tarifs dressés pour les victimes d'accident par la caisse des retraites pour la vieillesse, lui soit attribué en espèces.

Elle peut aussi demander que ce capital, ou ce capital réduit du quart au plus comme il vient d'être dit, serve à constituer sur sa tête une rente viagère réversible, pour moitié au plus, sur la tête de son conjoint. Dans ce cas, la rente viagère sera diminuée de façon qu'il ne résulte de la réversibilité aucune augmentation de charges pour le chef d'entreprise.

Le tribunal, en chambre du conseil, statuera sur ces demandes.

Art. 10. — Le salaire servant de base à la fixation des rentes s'entend, pour l'ouvrier occupé dans l'entreprise pendant les douze mois écoulés avant l'accident, de la rémunération effective qui lui a été allouée pendant ce temps, soit en argent, soit en nature.

Pour les ouvriers occupés pendant moins de douze mois avant l'accident, il doit s'entendre de la rémunération effective qu'ils ont reçue depuis leur entrée dans l'entreprise, augmentée de la rémunération moyenne qu'ont reçue, pendant la période nécessaire pour compléter les douze mois, les ouvriers de la même catégorie.

Si le travail n'est pas continu, le salaire annuel est calculé tant d'après la rémunération reçue pendant la période d'activité que d'après le gain de l'ouvrier pendant le reste de l'année.

TITRE II. — *Déclaration des accidents et enquête.*

Art. 11. — Tout accident ayant occasionné une incapacité de travail doit être déclaré, dans les quarante-huit heures, par le chef d'entreprise ou ses préposés, au maire de la commune qui en dresse procès-verbal.

Cette déclaration doit contenir les noms et adresses des témoins de l'accident. Il y est joint un certificat de médecin indiquant l'état de la victime, les suites probables de l'accident et l'époque à laquelle il sera possible d'en connaître le résultat définitif.

La même déclaration pourra être faite par la victime ou ses représentants.

Récépissé de la déclaration et du certificat du médecin est remis par le maire au déclarant.

Avis de l'accident est donné immédiatement par le maire à l'inspecteur divisionnaire ou départemental du travail ou à l'ingénieur ordinaire des mines chargé de la surveillance de l'entreprise.

L'art. 15 de la loi du 2 novembre 1892 et l'art. 11 de la loi du 12 juin 1893 cessent d'être applicables dans les cas visés par la présente loi.

Art. 12. — Lorsque, d'après le certificat médical, la blessure paraît devoir entraîner la mort ou une incapacité permanente absolue ou partielle de travail, le maire transmet immédiatement copie de la déclaration et le certificat médical au juge de paix du canton où l'accident s'est produit.

Dans les vingt-quatre heures de la réception de cet avis, le juge de paix procède à une enquête à l'effet de rechercher :

1° La cause, la nature et les circonstances de l'accident ;

2° Les personnes victimes et le lieu où elles se trouvent ;

3° La nature des lésions ;

4° Les ayants droit pouvant, le cas échéant, prétendre à une indemnité ;

5° Le salaire quotidien et le salaire annuel des victimes.

Art. 13. — L'enquête a lieu contradictoirement dans les formes prescrites par les art. 35, 36, 37, 38 et 39, C. proc. civ., en présence des parties intéressées ou celles-ci convoquées d'urgence par lettre recommandée.

Le juge de paix doit se transporter auprès de la victime de l'accident qui se trouve dans l'impossibilité d'assister à l'enquête.

Lorsque le certificat médical ne lui paraîtra pas suffisant, le juge de paix pourra désigner un médecin pour examiner le blessé.

Il peut aussi commettre un expert pour l'assister dans l'enquête.

Il n'y a pas lieu, toutefois, à nomination d'expert dans les entreprises administrativement surveillées, ni dans celles de l'Etat placées sous le contrôle d'un service distinct du service de gestion, ni dans les établissements nationaux où s'effectuent des travaux que la sécurité publique oblige à tenir secrets. Dans ces divers cas, les fonctionnaires chargés de la surveillance ou du contrôle de ces établissements ou entreprises et, en ce qui concerne les exploitations minières, les délégués à la sécurité des ouvriers mineurs, transmettent au juge de paix, pour être joint au procès-verbal d'enquête, un exemplaire de leur rapport.

Sauf les cas d'impossibilité matérielle dûment constatés dans le procès-verbal, l'enquête doit être close dans le plus bref délai et, au plus tard, dans les dix jours à partir de l'accident. Le juge de paix avertit, par lettre recommandée, les parties de la clôture de l'enquête et du dépôt de la minute au greffe, où elles pourront, pendant un délai de cinq jours, en prendre connaissance et s'en faire délivrer une expédition, affranchie du timbre et de l'enregistrement. A l'expiration de ce délai de cinq jours, le dossier de l'enquête est transmis au président du tribunal civil de l'arrondissement.

Art. 14. — Sont punis d'une amende de un à quinze francs (1 à 15 fr.) les chefs d'industrie ou leurs préposés qui ont contrevenu aux dispositions de l'art. 11.

En cas de récidive dans l'année, l'amende peut être élevée de seize à trois cents francs (16 à 300 fr.).

L'art. 463 C. pén. est applicable aux contraventions prévues par le présent article.

Titre III. — *Compétence, juridictions, procédure, révision.*

Art. 15. — Les contestations entre les victimes d'accidents et les chefs d'entreprise, relatives aux frais funéraires, aux frais de maladie ou aux indemnités temporaires, sont jugées en dernier ressort par le juge de paix du canton où l'accident s'est produit, à quelque chiffre que la demande puisse s'élever.

Art. 18. — L'action en indemnité prévue par la présente loi se prescrit par un an à dater du jour de l'accident.

Art. 19. — La demande en révision de l'indemnité fondée sur une aggravation ou une atténuation de l'infirmité de la victime ou son décès par suite des conséquences de l'accident, est ouverte pendant trois ans à dater de l'accord intervenu entre les parties ou de la décision définitive.

Le titre de pension n'est remis à la victime qu'à l'expiration des trois ans.

Art. 20.— Aucune des indemnités déterminées par la présente loi ne peut être attribuée à la victime qui a intentionnellement provoqué l'accident.

Le tribunal a le droit, s'il est prouvé que l'accident est dû à une faute inexcusable de l'ouvrier, de diminuer la pension fixée au titre premier.

Lorsqu'il est prouvé que l'accident est dû à la faute inexcusable du patron ou de ceux qu'il s'est substitués dans la direction, l'indemnité pourra être majorée, mais sans que la rente ou le total des rentes allouées puisse dépasser soit la réduction soit le montant du salaire annuel.

Art. 22. — Le bénéfice de l'assistance judiciaire est accordé de plein droit, sur le visa du procureur de la République, à la victime de l'accident ou à ses ayants droit, devant le tribunal.

A cet effet, le président du tribunal adresse au procureur de la République, dans les trois jours de la comparution des parties prévues par l'art. 16, un extrait de son procès-verbal de non-conciliation : il y joint les pièces de l'affaire.

Le procureur de la République procède comme il est prescrit à l'art. 13 (paragraphes 2 et suivants) de la loi du 22 janvier 1851.

Le bénéfice de l'assistance judiciaire s'étend de plein droit aux instances devant le juge de paix, à tous les actes d'exécution mobilière et immobilière, et à toute contestation incidente à l'exécution des décisions judiciaires.

Titre IV. — *Garanties.*

Art. 23. — La créance de la victime de l'accident ou de ses ayants droit relative aux frais médicaux, pharmaceutiques et funéraires, ainsi qu'aux indemnités allouées à la suite de l'incapacité temporaire de travail, est garantie par le privilège de l'art. 2101, C. civ. et y sera inscrite sous le n° 6.

Le payement des indemnités pour incapacité permanente de travail ou accidents suivis de mort est garanti conformément aux dispositions des articles suivants.

Titre V. — *Dispositions générales.*

Art. 29. — Les procès-verbaux, certificats, actes de notoriété, significations, jugements et autres actes faits ou rendus en vertu et pour l'exécution de la présente loi, sont délivrés gratuitement, visés pour timbre et enregistrés gratis lorsqu'il y a lieu à la formalité de l'enregistrement.

Dans les six mois de la promulgation de la présente loi, un décret déterminera les émoluments des greffiers de justice de paix pour leur assistance et la rédaction des actes de notoriété, procès-verbaux, certificats, significations, jugements, envois de lettres recommandées, extraits, dépôt de la minute d'enquête au greffe, et pour tous les actes nécessités par l'application de la présente loi, ainsi que les frais de transport auprès des victimes et d'enquête sur place.

Art. 30. — Toute convention contraire à la présente loi est nulle de plein droit.

Art. 31. — Les chefs d'entreprise sont tenus, sous peine d'une amende de un à quinze francs (1 à 15 fr.), de faire afficher dans chaque atelier la présente loi et les règlements d'administration relatifs à son exécution.

En cas de récidive dans la même année, l'amende sera de seize à cent francs (16 à 100 fr.).

Les infractions aux dispositions des art. 11 et 31 pourront être constatées par les inspecteurs du travail.

Loi du 30 juin 1899.

Accidents causés dans les exploitations agricoles par l'emploi de machines mues par des moteurs inanimés.

Article unique. — Les accidents occasionnés par l'emploi de machines agricoles mues par des moteurs inanimés et dont sont victimes, par le fait ou à l'occasion du travail, les personnes quelles qu'elles soient, occupées à la conduite ou au service de ces moteurs ou machines, sont à la charge de l'exploitant dudit moteur.

Est considéré comme exploitant l'individu ou la collectivité qui dirige le moteur ou le fait diriger par ses préposés.

Si la victime n'est pas salariée ou n'a pas un salaire fixe, l'indemnité due est calculée, selon les tarifs de la loi du 9 avril 1898, d'après le salaire moyen des ouvriers agricoles de la commune.

En dehors du cas ci-dessus déterminé, la loi du 9 avril 1898 n'est pas applicable à l'agriculture.

Règlement d'administration publique pour l'exécution de l'art. 26 de la loi du 9 avril 1898.

Décret du 22 février 1899.

Titre Ier. — *Conditions dans lesquelles les victimes d'accidents ou leurs ayants droit sont admis à réclamer le paiement de leurs indemnités.*

Art. 1er. — Tout bénéficiaire d'une indemnité liquidée en vertu de l'art. 16 de la loi du 9 avril 1898, à la suite d'un accident ayant entraîné la mort ou une incapacité permanente de travail, qui n'aura pu obtenir le paiement, lors de leur exigibilité, des sommes qui lui sont dues, doit en faire la déclaration au maire de la commune de sa résidence.

Art. 2. — La déclaration est faite soit par le bénéficiaire de l'indemnité ou son représentant légal, soit par un mandataire ; elle est exempte de tous frais.

Art. 3. — La déclaration doit indiquer :

1° Les nom, prénoms, âge, nationalité, état civil, profession, domicile du bénéficiaire de l'indemnité ;

2° Les nom et domicile du chef d'entreprise débiteur ou la désignation et l'indication du siège de la société d'assurances ou du syndicat de garantie qui aurait dû acquitter la dette à ses lieu et place ;

3° La nature de l'indemnité et le montant de la créance réclamée ;

4° L'ordonnance ou le jugement en vertu duquel agit le bénéficiaire ;

5° Le cas échéant, les nom, prénoms, profession et domicile du représentant légal du bénéficiaire ou du mandataire.

Art. 4. — La déclaration, rédigée par les soins du maire, est signée par le déclarant.

Le maire y joint toutes les pièces qui lui sont remises par le réclamant à l'effet d'établir l'origine de sa créance, ses modifications ultérieures et le refus de payement opposé par le débiteur : chef d'entreprise, société d'assurance ou syndicat de garantie.

Art. 5. — Récépissé de la déclaration et des pièces qui l'accompagnent est remis par le maire au déclarant.

La déclaration et les pièces produites à l'appui sont transmises par le maire au directeur général de la Caisse des dépôts et consignations dans les vingt-quatre heures.

Art. 6. — Le directeur général de la Caisse des dépôts et consignations adresse, dans les quarante-huit heures à partir de sa réception, le dossier au juge de paix du domicile du débiteur, en l'invitant à convoquer celui-ci d'urgence par lettre recommandée.

Art. 7. — Le débiteur doit comparaître au jour fixé par le juge de paix soit en personne, soit par mandataire.

Il lui est donné connaissance de la réclamation formulée contre lui.

Procès-verbal est dressé par le juge de paix des déclarations faites par le comparant, qui appose sa signature sur le procès-verbal.

Art. 8. — Le comparant qui ne conteste ni la réalité ni le montant de la créance est invité par le juge de paix soit à s'acquitter par devant lui, soit à expédier au réclamant la somme due au moyen d'un mandat-carte et à communiquer au greffe le récépissé de cet envoi.

Cette communication doit être effectuée au plus tard le deuxième jour qui suit la comparution devant le juge de paix.

Le juge de paix statue sur le paiement des frais de convocation.

Il constate, s'il y a lieu, dans son procès-verbal la libération du débiteur.

Art. 9. — Dans le cas où le comparant, tout en reconnaissant la réalité et le montant de sa dette, déclare ne pas être en état de s'acquitter immédiatement, le juge de paix est autorisé, si les motifs invoqués paraissent légitimes, à lui accorder pour sa libération un délai qui ne peut excéder un mois.

Dans ce cas, en vue du payement immédiat prévu à l'art. 13 ci-dessous, le procès-verbal dressé par le juge de paix constate la reconnaissance de dette et l'engagement pris par le comparant de se libérer dans le délai qui lui a été accordé au moyen soit d'un versement entre les mains du caissier de la Caisse des dépôts et consignations à Paris ou des préposés de la caisse dans les départements, soit de l'expédition d'un mandat-carte payable au caissier général à Paris.

Art. 10. — Si le comparant déclare ne pas être débiteur du réclamant ou n'être que partiellement son débiteur, le juge de paix constate dans son procès-verbal le refus total ou partiel de payement et les motifs qui en ont été donnés.

Il est procédé pour l'acquittement de la somme non contestée suivant les dispositions des art. 8 ou 9, tous droits restant réservés pour le surplus.

Art. 11. — Au cas où le débiteur convoqué ne comparaît pas au jour fixé, le juge de paix procède dans la huitaine à une enquête à l'effet de rechercher :

1° Si le débiteur convoqué n'a pas changé de domicile ;

2° S'il a cessé son industrie soit volontairement, soit par cession d'établissement, soit par suite de faillite ou de liquidation judiciaire et, dans ce cas, quel est le syndic ou le liquidateur, soit par suite de décès et, dans l'affirmative, par qui sa succession est représentée.

Le procès-verbal dressé par le juge de paix constate la non-comparution et les résultats de l'enquête.

Art. 12. — Dans les deux jours qui suivent soit la libération immédiate du débiteur, soit sa comparution devant le juge de paix au cas où il a refusé le payement ou obtenu un délai, soit la clôture de l'enquête dont il est question en l'article précédent, le juge de paix adresse au directeur général de la Caisse des dépôts et consignations le dossier et y joint le procès-verbal par lui dressé.

Art. 13. — Dès la réception du dossier, s'il résulte du procès-verbal dressé par le juge de paix que le débiteur n'a pas contesté sa dette, mais ne s'en est pas libéré, ou si les motifs invoqués pour refuser le payement ne paraissent pas légitimes, le directeur général de la Caisse des dépôts et consignations remet au réclamant ou lui adresse, par mandat-carte, la somme à laquelle il a droit. Il fait parvenir également au greffier de la justice de paix le montant de ses déboursés et émoluments.

Il est procédé de même, si le débiteur ne s'est pas présenté devant le juge de paix et si la réclamation du bénéficiaire de l'indemnité paraît justifiée.

Art. 14.— Dans le cas où les motifs invoqués par le comparant pour refuser le payement paraissent fondés ou, en cas de non-comparution, si la réclamation formulée par le bénéficiaire ne semble pas suffisamment justifiée, le directeur général de la Caisse des dépôts et consignations renvoie, par l'intermédiaire du maire, au réclamant le dossier par lui produit en lui laissant le soin d'agir contre la personne dont il se prétend le créancier, conformément aux règles du droit commun.

Le montant des déboursés et émoluments du greffier est, en ce cas, acquitté par les soins du directeur général et imputé sur les fonds de garantie.

Titre II. — *Du recours de la caisse des retraites pour le recouvrement de ses avances et pour l'encaissement des capitaux exigibles.*

Art. 15. — Le recours de la caisse nationale des retraites est exercé aux requête et diligence du directeur général de la Caisse des dépôts et consignations, dans les conditions énoncées aux articles suivants.

Art. 16. — Dans les cinq jours qui suivent le payement fait au bénéficiaire de l'indemnité et au greffier de la justice de paix, conformément aux art. 13 et 14, ou à l'expiration du délai dont il est question à l'art. 9, si le remboursement n'a pas été opéré dans ce délai, le directeur général de la Caisse des dépôts et consignations informe le débiteur, par lettre recommandée, du payement effectué pour son compte.

La lettre recommandée fait en même temps connaître que, faute par le débiteur d'avoir remboursé dans un délai de quinzaine le montant de la somme payée, d'après un des modes prévus au dernier alinéa de l'art. 9, le recouvrement sera poursuivi par la voie judiciaire.

Art. 17.— A l'expiration du délai imparti par le deuxième alinéa de l'art. 16 ci-dessus. il est délivré par le directeur général de la Caisse des dépôts et consignations, à l'encontre du débiteur qui ne s'est pas acquitté, une contrainte pour le recouvrement.

Art. 18. — La contrainte décernée par le directeur général de la Caisse des dépôts et consignations est visée et déclarée exécutoire par le juge de paix du domicile du débiteur.

Elle est signifiée par ministère d'huissier.

Décret du 5 mars 1899.

Emoluments alloués aux greffiers des justices de paix.

Art. 1er. — Il est alloué aux greffiers des justices de paix :

1o Pour assistance aux actes de notoriété, 4 francs ;

2o Pour assistance aux enquêtes sur place, ainsi qu'aux constatations auxquelles il est procédé par le juge de paix, non compris le temps de voyage, pour chaque vacation de trois heures, 4 francs ;

3o Pour assistance à l'ensemble des opérations prévues par le règlement d'administration publique rendu en exécution de l'art. 26 de la loi du 9 avril 1898, 2 francs ;

4o Pour chaque envoi de lettre recommandée, débours non compris, 50 centimes ;

5o Pour dépôt de rapport d'expert ou de pièces, 2 francs ;

6o Pour transmission de l'enquête au président du tribunal, tous frais de port compris, 4 francs ;

7o Pour toute mention au répertoire, 10 centimes ;

8o Pour transport à plus de deux kilomètres du chef-lieu du canton, par kilomètre parcouru, en allant et en revenant, si le transport est effectué par chemin de fer, 20 centimes ; si le transport a eu lieu autrement, 40 centimes.

Code de procédure civile.

Art. 35. — Au jour indiqué, les témoins, après avoir dit leurs noms, profession, âge et demeure, feront le serment de dire vérité et déclareront s'ils sont parents ou alliés des parties et à quel degré, et s'ils sont leurs serviteurs ou domestiques.

Art. 36. — Ils seront entendus séparément, en présence des parties, si elles comparaissent ; elles seront tenues de fournir leurs reproches avant la déposition, et de les signer ; si elles ne le savent ou ne le peuvent, il en sera fait mention : les reproches ne pourront être reçus après la déposition commencée, qu'autant qu'ils seront justifiés par écrit.

Art. 37. — Les parties n'interrompront point les témoins : après la déposition, le juge pourra, sur la réquisition des parties, et même d'office, faire aux témoins les interpellations convenables.

Art. 38. — Dans tous les cas où la vue du lieu peut être utile pour l'intelligence des dépositions, et spécialement dans les actions pour déplacement de bornes, usurpations de terres, arbres, haies, fossés ou autres clôtures, et pour entreprises sur les cours d'eau, le juge de paix se transportera, s'il le croit nécessaire, sur le lieu, et ordonnera que les témoins y seront entendus.

Art. 39. — Dans les causes sujettes à l'appel, le greffier dressera procès-verbal de l'audition des témoins : cet acte contiendra leurs noms, âge, profession et demeure, leur serment de dire vérité, leur déclaration s'ils sont parents, alliés, serviteurs ou domestiques des parties, et les reproches qui auraient été fournis contre eux. Lecture de ce procès-verbal sera faite à chaque témoin pour la partie qui le concerne ; il signera sa déposition, ou mention sera faite qu'il ne sait ou ne peut signer. Le procès-verbal sera, en outre, signé par le juge et le greffier. Il sera procédé immédiatement au jugement, ou au plus tard à la première audience.

Art. 282. — Aucun reproche ne sera proposé après la déposition, s'il n'est justifié par écrit.

Art. 283. — Pourront être reprochés, les parents ou alliés de l'une ou de l'autre des parties jusqu'au degré de cousin issu de germain inclusivement ; les parents et alliés des conjoints au degré ci-dessus, si le conjoint est vivant, ou si la partie ou le témoin en a des enfants vivants ; en cas que le conjoint soit décédé, et qu'il n'ait pas laissé de descendants, pourront être reprochés les parents et alliés en ligne directe, les frères, beaux-frères, sœurs et belles-sœurs. — Pourront aussi être reprochés, le témoin héritier présomptif ou donataire ; celui qui aura bu ou mangé avec la partie, et à ses frais, depuis la prononciation du jugement qui a ordonné l'enquête ; celui qui aura donné des certificats sur les faits relatifs au procès ; les serviteurs et domestiques ; le témoin en état d'accusation ; celui qui aura été condamné à une peine afflictive ou infamante, ou même à une peine correctionnelle pour cause de vol.

Art. 284. — Le témoin reproché sera entendu dans sa déposition.

Art. 285. — Pourront les individus âgés de moins de quinze ans révolus être entendus, sauf à avoir à leurs dépositions tel égard que de raison.

TABLE DES MATIÈRES

Imp. J. Thevenot, Saint-Dizier (Haute-Marne)

DU MÊME AUTEUR :

Délits d'audience en justice de paix (Manuel formulaire de la répression des). 1 vol. in-16. 1897. 3 fr. 50

CHEZ LES MÊMES ÉDITEURS

Moniteur des Juges de paix (Le), de leurs suppléants et des Greffiers. Revue pratique de la juridiction cantonale, fondée par **N.-A. Carré** et continuée par **M. Ch. Le Vasseur**, Juge de paix du IVe arrondissement de Paris. — Paraissant tous les mois.
Années 1880 à 1899. 80 fr.
Abonnement annuel de janvier à décembre. 12 fr.

Greffiers des justices de paix (Le Journal des) et des Tribunaux de simple police. Recueil de législation, de doctrine et de jurisprudence, fondé par **M. Ségéral**, continué par **Abel Ségéral** ; Directeur : **M. Provencel**, Greffier de la justice de paix du IVe arrondissement de Paris. 28e année.
Abonnement annuel de janvier à décembre. 8 fr.

Juges de paix. (Code annoté des). 1re partie : Code de l'audience ; 2e partie : Code du cabinet ; par **N.-A. Carré**, Juge de paix du Ier arrondissement de Paris. 4e édition, revue et mise au courant, par **Ch. Le Vasseur**, Juge de paix du IVe arrondissement de Paris, Chevalier de la Légion d'honneur. 1 fort vol. gr. in-8. 1895. 12 fr. 50

Juges de paix (Compétence judiciaire des) en matière civile et pénale, par **N.-A. Carré**, Juge de paix du Ier arrondissement de Paris, ancien Juge de paix de cantons ruraux, Auteur du *Code annoté des Juges de paix*. 2e édition, revue et augmentée. 2 vol in-8. 1888. 18 fr.

Justices de paix (Formulaire général et complet de la procédure civile et criminelle des), par **C.-A. Couturier**, ancien Juge de paix à Tours. 3e édition (2e tirage), revue et augmentée notamment des formules relatives à la loi du 12 janvier 1895 sur la saisie-arrêt. 2 vol. in-8. 1893-1896. 16 fr.

Juges de paix (Manuel encyclopédique, théorique et pratique des), de leurs suppléants et greffiers, avec les formules de tous les actes extrajudiciaires et judiciaires, placées à la suite de chaque titre, par **J.-E. Allain**, Juge de paix retraité. 6e édition, entièrement refondue, par **N.-A. Carré**, Juge de paix du Ier arrondissement de Paris. 3 forts vol. in-8. 1890-1891. 27 fr.

Juges de paix (Manuel pratique des) et de leurs suppléants. Guide de l'aspirant Juge de paix, par **Emile Godart**, licencié en droit, Juge de paix de Compiègne. 2 forts vol. in-8. 1898. 20 fr.

Greffes de justice de paix (Manuel d'examen des candidats aux), contenant l'exposé des connaissances premières à exiger d'un greffier à son entrée en fonctions, par **M. Emile Godart**, licencié en droit, Juge de paix de Compiègne (Oise), 3e édition, revue, augmentée et mise au courant. 1 vol. in-18. 1898. 4 fr.

Tribunaux de simple police (Traité théorique et pratique des). Organisation, théorie des contraventions, compétence et procédure, par **Louis Pabon**, Juge de paix du XVIIe arrondissement de Paris. 1 très fort vol. in-8. 1899, 12 fr.

Justice de paix (Code pratique de la) ou traité théorique et pratique des attributions des Juges de paix en matière civile, avec un *Formulaire* complet et méthodique, par **Alph. Ségéral**. 6e édition, augmentée et mise à jour, par **Abel Ségéral**, avocat, ancien Juge de paix suppléant à Paris, ancien Directeur du *Journal des Greffiers*. 2 vol. in-8. 1894. 14 fr.

Tribunaux de simple police (Code pratique des), avec un formulaire complet et méthodique, par **A. Ségéral**, Directeur du *Journal des Greffiers des Justices de paix et des Tribunaux de simple police*. 3e édition, entièrement refondue et remaniée par **L. Pabon**, Juge de paix du XVIIe arrondissement de Paris. 1 fort vol. in-8. 1897. 12 fr.

Imp. J. Thevenot, Saint-Dizier (Haute-Marne).

www.ingramcontent.com/pod-product-compliance
Ingram Content Group UK Ltd.
Pitfield, Milton Keynes, MK11 3LW, UK
UKHW020407220726
13923UKWH00004B/1796